Wie eine Feder
will ich sein ...

AF289257

Wie eine Feder will ich sein ...

Die besten Beiträge
zum Jokers Lyrik-Preis 2006

Jokers restseller

Copyright an der Gedichtezusammenstellung
by Verlagsgruppe Weltbild GmbH, Augsburg
Jokers restseller
In Zusammenarbeit mit BoD, Berliner Literaturkritik und
literaturcafe.de
Die Rechte an den Einzelbeiträgen liegen bei den Autoren.
Die Schreibweise der Gedichte ist von den Autoren vorgegeben.
Cover und Innengestaltung: Magic Beetle, Marc Steurer, Augsburg
Gesamtherstellung und Verlag: Books on Demand GmbH,
Norderstedt
ISBN 3-8334-5138-6

Vorwort

Wie sucht man aus tausenden von Gedichten die besten aus? Schwierig zu sagen und schwierig zu machen. Bei jedem Gedicht ist eine Sensibilität des Herzens zu spüren, die Gefühle zu Worten, zu Zeilen und Versen formt. Wie also auswählen? Es sind nicht nur die Stimmung und das Empfinden, die vom Sinn, vom Rhythmus, vom Atem der Poesie fasziniert werden. Es ist mehr. Aber was?

Es sind unendlich viele Nuancen, die ein Gedicht auf einen Menschen wirken lassen. Wir präsentieren mit diesem Buch eine Momentaufnahme der deutschsprachigen Lyrik. Gerne hätten wir noch viele, viele andere Gedichte in dieses Buch aufgenommen. Sie hätten es verdient gehabt. Aber die Seitenzahl ist begrenzt. Wir haben uns jedenfalls über jedes Gedicht gefreut, das uns zum Lesen anvertraut wurde. Wir glauben, dass schon das Dichten allein für jeden Poeten ein wunderbarer Glückszustand ist, der darüber hinwegtröstet, in diesem Jahr nicht dabei zu sein. Aber: neues Jahr, neues Gedicht, neuer Jokers Lyrik-Wettbewerb! Dieses Jahr haben es einige geschafft in unseren Lyrik-Band zu kommen, die letztes Jahr schon mitgemacht haben, jedoch nicht abgedruckt wurden.

Also: Weiter mitdichten! Und viele Gedichte, die uns besonders bewegen, veröffentlichen wir in der Gedichte-Datenbank von Jokers.

Die ausgesuchte Lyrik, die in diesem Band vorliegt, wird aufmuntern oder nachdenklich machen. Und sie wird uns, ob wir wollen oder nicht, verzaubern und verwandeln, für Sekunden, Minuten oder Stunden. Das eine Gedicht lässt uns eintauchen in das Leben fremder Menschen, das andere breitet vor uns unbekannte Landschaften aus und wieder andere schicken uns auf eine spannende Gedankenreise durch Raum und Zeit.

Manche Gedichte, für deren Türe in den tieferen Sinn kein Schlüssel bequem bereit liegt, das sind nur Gemälde der Gefühle, collagiert aus weichen, weisen, warmen, widersprüchlichen, wahnsinnigen und anderen Worten. Wir sollten sie nur betrachten und genießen.

Inhalt:

Margot S. Baumann

Zwischenzeilen

In manchen Nächten singt der Vogel leiser,
an manchen Tagen hängt der Himmel tief.
Die Worte wurden mit den Jahren weiser,
doch quält der Schmerz, der zwischen Zeilen schlief.

Er ruht in einem Raum voll Sonnengleichen,
verpuppt sich immer fort, stirbt doch dahin.
Vor kalten Stimmen muss er ängstlich weichen,
sucht meine Feuer und wächst weiterhin.

Jedoch was war, das halten Spinnennetze
für kurze Zeit im letzten Sommerwind.
Und richtungslos entfliehe ich und hetze
nach losen Blättern, wie ein Findelkind.

Ein Lachen hörte ich, so dunkel, heiser,
das stiller wurde während ich noch rief.
In manchen Nächten singt der Vogel leiser,
an manchen Tagen hängt der Himmel tief.

Rosa Maria Bächer
Die Angst zu verlieren

Eines nachts
den Mond
in die Taschen gesteckt
die Sichel gebogen
um unseren Leib
zu wehren uns gegen die Nähe
des Raubtiers in unserem Schoß
zogen wir zitternd
über den Himmel
zu suchen den wärmsten Stern
zu bergen ihn unter der Haut
die Angst zu verlieren
vor morgen

Stefan Bertsch
Morgengrauen

Das Land liegt da im Morgengrauen,
es ist so schön und weit.
Ich stehe still am Gartenzaun,
genieße diese Zeit.

Die Sonne hebt ihr Angesicht,
am Horizont empor.
Und in dem seichten Tageslicht,
singt leis der Vögel Chor.

Allmählich steigt der Nebel auf,
legt Feld und Wiesen frei.
Jetzt nimmt die Sonne ihren Lauf,
die Nacht ist nun vorbei.
Die ersten Menschen gehen bald
zur Arbeit aus dem Haus.

Karin-Chrysanthem Lahoda
Aber

Du redest -
ich beende den Satz.
Du singst -
ich bin die zweite Stimme.
Du willst -
ich habe es bereits getan.
Ich rede -
singe -
will -
Du schweigst.

Judith Feiks
Ein Rätsel

Darf nicht fragen, darf nur ahnen,
darf nicht klagen, darf nicht mahnen.
Darf nicht weinen, darf nur lachen.
Möchtest Du es auch so machen?

Darf nicht träumen, darf nur sehen,
darf nicht lärmen, nur verstehen.
Darf nicht reden, darf nur hören,
darf nicht schreien, darf nicht stören.

Darf nicht streiten, nur versöhnen,
darf nicht wünschen, nur verwöhnen.
Darf zwar lieben - aber leise,
darf es nicht auf meine Weise.

Hast erraten, wer ich bin?
Genau!
Ich bin die ideale Frau!

Elia van Scirouvsky
papilio

die Welt saugt schwarzen Regen auf - träumt dabei kalt und leer
die Großstadt schneidet Licht ins Fleisch der Nacht
die Sterne hinterm Wolkenschleier tanzen somnambul
ein schwarzer Schmetterling haftet im Synapsennetz
der Rausch ist dunkelrot und schwer
und heißer Atem bricht das Dünn der Flügel

Eleni Anthis
Gedankenspiel

Die Männer gehen voran
mit aufgeknöpften Hemden
gewaschenen Händen
staubigen Schuhen.
Manche von ihnen werden
brechen

Die Frauen kommen nach
mit brauner Haut
Olivenaugen
Hoffnung.
Sie welken
Ohne Sonne
Ohne Wärme
Ohne Sprache

Die Kinder bleiben
posieren Karstadtfotografen
neigen ihre Köpfe
mit gespaltener Zunge sprechend
sich selbst überlassen.
Im besten Fall
Zwischenweltler

Heinrich Beindorf
Grillende Ameisen

Lebe jeden Tag, als wenn es der
letzte wäre
also heute wieder
getankt gezweifelt
schweigend gefrühstückt
die große böse
Datenbank vollgeschrieben
Penne Arrabiata
voll weichgekocht
nicht korrekt
Schlüsse gezogen
Vera nicht angerufen

als gäbe es kein Morgen
aber wenn doch
Menschenskind
was
dann.

Kai Gauger
Wie nahe?

Wie nahe stehen dir die Menschen?
Willst du sie ausbeuten?
Willst du sie belehren?
Bekehren?
Ihnen in den Arsch kriechen?
Willst du ihnen Honig ums Maul schmieren?
Willst du ihnen zeigen, wo's langgeht?
Willst du alle Spuren verwischen?
Willst du auswandern?
Willst du in die Wüste ziehen?
Willst du predigen, wem, dem Säulenkaktus, dem Dromedar?
Willst du dich in Luft auflösen?
Willst du endlich allen zeigen, wer du bist?

Andrea Egger
Sonntag

wandern durch den Bücherwald
an jedem Beistrich innehalten
manchmal über Zeilen stolpern
auf der Leselichtung rasten
dann - im Weitergehen -
unter Satzsonnen
gereifte Silben pflücken
Sinnsaft nach dem Pressen
sorgsam ins Papierglas schütten -
Mit dem Wortwein anstoßen
auf den (v)erlesenen Sonntag.

Horst-Stefan Jochum
Das Doppelte

An einer Kreuzung
kam ein Kerl ohne Beine
auf einer Art Möbelkarre
hervorgeschnellt
und bettelte mich an.
Ich gab ihm nichts!
Er zeigte nach oben und
dann auf mich.
Das ging mir während
der ganzen Taxifahrt
nicht mehr
aus dem Kopf.
Irgendwann, als ich
wieder ausstieg,
rollte wieder so einer
auf mich zu.
Und bevor er
betteln konnte,
gab ich ihm schnell
das Doppelte.

Sonja Binszek
Raster

Schmetterling:
er schaukelt
er ist bunt
Schmetterlinge haben viele Flecken
SCHÖN!

Grün:
die Wiese
ist schön weich
der Geruch ist gut
WUNDERVOLL!

Wolken:
sind weiß
sie sind weich
sie entstehen am Himmel
SUPER!

(stellvertretend für die Klasse BFZHW05a der BBS Donnersbergkreis)

Manfred Boos
Abschiedsbrief

Deinen Abschiedsbrief
in der Tasche
suche ich am Waldrand vergebens
ein vierblättriges Kleeblatt

barfuß gehe ich über
schmerzhaft frische Stoppeln
rolle Deine letzten Zeilen
zu einem Rohr
pflücke Holunderbeeren und
treffe andauernd ins Schwarze

Herbert Stangl
einfach so

leben
einfach so
als ob es
nichts zu fragen
gäbe

bleiben
einfach so
als ob
nichts zu befürchten
wäre

fortgehn
einfach so
als ob ich hier
nichts zu suchen
hätte

warten
einfach so
als ob noch
etwas geschehen
könnte

Kerstin Dreier
Aschig

Schau! Die Vögel ziehen
weg von dir. Aus dem Auge
fällt: nichts -
als ein Schatten, oder
waren es zwei? Flügel
aber: es liegt jetzt
nicht einmal eine Feder
vor meinen Füßen.
Nur du.

Susanne Boetsch
Der Nachbar

In der Einzimmerwohnung neben mir
da wohnt ein unbekanntes Tier

Des Nachts geht es in seinem Käfig auf und ab
und murmelt stur dieselben Worte immer nur

als wäre einer da der ihm befiehlt das immer wieder aufzusagen
was er versäumt hat einst zu fragen

In diesen Nächten wünscht' ich mir
es wäre hier, das unbekannte Tier

und würd ganz leise sich auf meinen Teppich legen
und ich daneben

Judith Firtz
(Her-) ausgefallener Lebensstil

In seiner Brieftasche klemmte
Ihr Photo
Zwischen Scheckkarte und der Visitenkarte
Seines Rechtsanwaltes.
Auf seinem Schreibtisch wußte sie sich
In Art Deco gerahmt wie der Aschenbecher.
Neben seiner Nachttischlampe
Fügte sie sich
Stilvoll in Schwarz-Weiß
Zur gleichfarbigen Schleiflackmöblierung.
Als sie beschloß,
Aus Art Deco und Schleiflackrahmen zu fallen,
Paßte sie
Plötzlich
An keinen Platz seines Lebens mehr.

Reiner Bonack
Die Schulglocke läutet, Kastanienschnee fällt

hier las ich den Brief
der merkwürdigerweise ein wenig
nach Flieder roch (damals
das wurde mir später bewusst
dufteten die Minen der Kugelschreiber
alle ein wenig nach Flieder)
der seinen Absender verschwieg und somit
keine Stimme hatte, keinen Mund, keine Augen
aufschimmern ließ und mit dem ich seitdem
dort stehe, kleiner werde
und kleiner auf dem Platz
des Friedens, wo der stotternde Schulbus
für immer eine Stille hinterließ
die weit zurückreichte - vielleicht bis in die Zeit
nach dem Ende des Kriegs, als der Rauch
sich legte, die Luft noch lange, so wurde erzählt
nach bitteren Mandeln schmeckte und
ich spürte es deutlich noch immer
wie Bittermandeln im Mund lag

Eine alte Frau bleibt stehen
sieht auf, schließt die Lider
im blendenden Duft
des Lichts

Magdalena Eckes
ohne Titel

Mond und Nacht
ein Fluss zwei Eichen
unglaublich
für wie viele sie reichen

Bernhard Karlstetter

„—"

die wahrheit
das ist wirklich wahr
ist flink wie ein wiesel
die wahrheit
findest du nicht
das haben schon andere versucht
ganz andere als du

die wahrheit nämlich
hält sich versteckt
natürlich hält sie sich versteckt
hinter vorgehaltener hand hält sich die wahrheit versteckt
das weiß doch jedes kind

aber
sag es nicht weiter

vorsicht mit der wahrheit
wenn die wahrheit einmal heraus ist

dann rollen die köpfe
das sag ich dir nur hinter vorgehaltener hand
die köpfe werden rollen
wenn die wahrheit heraus ist

meiner deiner
die köpfe rollen
eher gibt die wahrheit keine ruhe

Evelyn Brandt
Drangsal

Mein Drosselauge zersägt dein Fensterkreuz,
es stürzt und hellt nichts auf, im Gegenteil
auf meine Restzeit
kriecht sein dünner Schatten.
Ohne mich umzudrehen rieche ich das Gnadenkraut
in deiner Hand.

In meinem Brautschrank klebt eine hölzerne Otter, bereit,
die letzten Zweifel
furchtlos zu verzehren.
Zu spät.
In Schlangenlinien zeichnet sie den
Untergang.

Im Morgentau bürste ich das Tausendblatt
aus meinem Haar
und trinke
aus sieben Bechern den Vogelleim leer.
Nachts schöpfe ich Rauschbeeren
aus dem alten Weiher,
bis der Froschlöffel
bricht.

Charlotte Rosenthal
Küß mich!

Küß mich!
Schnür mir das Herz ab, Du
Mit Deiner Liebe
Nimm mir die Freiheit -
Vertausch sie mit der Angst, dass
Du mich verlässt
Vielleicht
Schon morgen

Elmar Elling
Veränderungen

Anne Weickel,
verheiratet in Wanne-Eickel
mit Eberhart, dem harten Eber,
gewährte diesem Warzenschwein
allabendlich vom schwarzen Wein;
dann lagen sie in Hängematten,
wovon sie jede Menge hatten,
und erzählten sich von Hagen Weber,
der stark war wie ein Wagenheber
und schneller als die Feldhasen
in einer seiner Heldphasen
Cuxhavens kühle Mole
verbröselt hat in Moleküle.

Monika Jarju
Mandelsplitter

Ich traf jene kleine Frau
eine halbe Ewigkeit später.
Sie rollte aus einer rosa Muschel,
grauweiß und filzig wie Plunder.
Sie trug ein Stückchen Spitzenstoff,
ihre Augen zwei Silberfische.
Sie rollerte wie ein Flüsterton
ins zeitlose Café Richter.
Ihre Lippen gespitzt mit Splittern,
ihre Finger klitzeklein.
Sie war eine Wunderblume,
gepflückt aus einem Traum.
Sie rollerte fort überm Kudamm.
Entrückt und sichtbar nur ihr Hauch.
Eine alte Wolke aus Filz,
eine verpuppte Flitterfee
am Perlensaum von Charlottenburg.

Miroslav Dusanic
Totentanz

warm ist die Luft
im Zimmer - der Tisch und Licht
weiß oder rot
wer hätte das geträumt

später im Spiegel
ein Spiel von Ruhe und Bewegung
Charles Bukowski läuft in meine Richtung
mit der leeren Bierflasche

derweil er von Angriff als Verteidigung redet
halte ich den Blick - sehr streng
habe ihn noch in den Gliedern

Stephanie Küpper
Grenzgänger

Seitwärts
am Hang
noch vor dem Morgen
standest du im hohen Gras
den Blick zum Grenzland hin
im Schoß der Wildnis
jenseits der Welt
aus der du kamst

Dort
unter weiten Himmeln
verlorst du dich
im Schatten alter Träume
und kehrtest doch zurück
noch vor dem Abend
ins hohe Gras
seitwärts
am Hang

Walerija Weiser
Unterwegs: Stockholm-Berlin

Zwischen zwei Städte ist die Nacht gespannt
auf einer Reise dunkelwärts
frag ich mich zu dir, hinter den Verstand
und du schießt Konjunktive in mein Herz
dann spült der Morgen uns an Land

Ein lieb gewordener Moment:
das süße Flattern neuer Zärtlichkeit
und die nicht eingelöste Möglichkeit
einer Berührung, deren Endlichkeit
unter den Fingerspitzen brennt

Gerd Geiser
Der Hamster hat ein Hamsterrad

Es spricht der kleine Hamstermann:
"Heut' fahre ich nach Amsterdam.
Ich hab ein Rad aus Eisen,
das nehm ich zum Verreisen.
Es steht in meiner Ecke
und dient nur diesem Zwecke."
Er duscht noch schnell im Sägemehl,
und dann springt er quietschfidel
hinein in seine Rennmaschine,
in das Rund der Chromkabine.
Hei wie sich die Speichen jagen,
puh wie sich die Beinchen plagen,
scheint schier außer Rand und Band,
der Hamster, Richtung Niederland.
Natürlich kommt der Hamster
nie an am Damm der Amster.
Doch hat dies Faktum kein Gewicht,
wichtig ist die Zuversicht.
Der Hamster sagt uns gerad so viel:
Immer ist der Weg das Ziel.

Manfred Enderle
Der Orkan

Es tobt ein schrecklicher Orkan.
5 Bayern rauschen
an die Bäume,
es kommt zu spät
der Bus, die Bahn,
die Henne ruft
nach ihrem Küken,
es tropft noch mehr
der Wasserhahn.

Die Bäume krachen
auf die Straße,
ein Eber springt
frustriert vom Schwein
2 Hüte fliegen
um die Wette,
die Katze lässt
das Mausen sein.

Der Sturmwind
bläst die Yacht zum Teufel,
Fritz Walter schließt
sein Stadion
ein Spinnenmann
verliert zwei Beine
Karl Dall
umarmt die Marion.

Die Milben
flüchten in die Betten,
ein Pförtner
schaut besorgt zur Uhr,
der Regen
prasselt weiter nieder,
die Straßenbahn
kommt aus der Spur

Aus Kirchen rennen
fünfzig Christen,
ein Gartenhaus
brennt lichterloh
der Sturm zieht weiter
gegen sieben,
Der Mensch am End
ist wieder froh.

Monika Schnitzler
Der Regenschirm-Mann

Weit gefächert
waren deine Arme,
die mich hielten einst.

Öffnen muss
ich dich bei jedem Schauer,
der begehrlich mich durchströmt.

Oft genug
lässt du mich heute perlen
an der Außenfront.

Wie Tränen,
die verrinnen ungesehen,
ungehört.

Du klappst dich zu.
Du schirmst dich ab
- Automatikschirm -

und es regnet.

Andre Dinter
Stühle

Zwei Stühle stehen sich gegenüber,
irgendwann dort abgestellt,
und finden zueinander nicht hinüber,
weil ein Tisch den Weg verstellt.

Ja, der Tisch, er schaut beklommen,
all die Tragik an dem Ort,
von dem er nie weggekommen,
die nicht wäre, wär er fort.

Und so bleiben beide weiter,
stumm in stiller Sehnsucht voll verliebt,
als dann ein hilfreich Wegbereiter
sie ein Stück zusammen schiebt.

Lehne an Lehne stehen sie nun endlich,
glücklich eine lange Weile lang verrückt,
bis unerwartet und doch eigentlich verständlich,
beide wünschen sie wären wieder von einander abgerückt.

Nur der Tisch er trägt mit Fassung die Erfahrung,
dass man ihn zurück sich wünscht mit aller Kraft.
Ihn der einst als Trenner doch Bewahrung.
war für eine Leid erfüllte Leidenschaft.

Gerhard Szymanski
Der Rest

Ein Malergeselle aus Köthen
klebt Kuhfladen anstatt Tapeten
Das wärmt wie Asbest
und von dem Rest
kann man Gartenzwerge noch kneten

Matthias Fallenstein
Sommergesang

geh aus mein herz und

geh aus
mein herz

und
mein herz
geht aus

geht aus
und

aus

Bettina Winz
Am Strand

Hier schmilzt die Sonne,
sie zerfließt kreisend.
Nach beiden Seiten wächst ein Orange,
rosarot krabbelt das Spiegelbild.

Hier liegt der Mond, eine Schale,
nur die Stäbchen fehlen.
Wolkenfetzen.
Reisnudeln entweichen dem Meer.

Schwänze des Himmels und des Ozeans
treffen einander.
Zwei fauchende Drachen,
die sich küssen am Strand.

Hier in Vietnam.

Ernst Ferstl
Ohne dich

Du bist für mich die Rose,
die meinen Garten der Liebe
mit Duft und Schönheit erfüllt.

Du bist für mich das Haus,
in dem ich mich geborgen,
sicher und stark fühle.

Du bist für mich die Sonne,
die mir Licht und Wärme schenkt
und für mich da ist,
auch wenn ich sie nicht sehe.

Du bist für mich
ein Geschenk des Himmels,
das Leben in mein Leben bringt.

Ohne dich
ist alles
nichts.

Jens Tamme
Nenn es doch einfach Phantasie

Manchmal auf der Wäscheleine hängen
wie zum Trocknen
die Beine im Wind baumeln lassen
an jedem Ohr eine Klammer
die uns hält
Und dann die Schwerelosigkeit spüren

das muss
schön sein

Heide Floor
Sprachgeister

lasst uns jetzt die
sprachfelder pflügen
das gedächtnis plündern
und lichtsilben stecken
lasst uns
unter wilden himmeln
in wörterseen baden
und liebesfischern
mit leuchtender Tinte
die angel vergolden

Alexander Meyer
Du

Ich öffne das Tor
das nun blau ist
alte Kacheln
der Stuck an der Decke:
Du

Ich stehe im Hof
grauer Beton
das Fenster im 1. Stock
der runde Tisch vor dem Fenster:
Du

Ich betrete die Wohnung
das Grün und Rot an der Wand
und wenn ich
die Augen schließe:
Du

Malte Bremer
Trost in Lauten

Hunger
Hat er trotzdem
Immer.
Und
Am Wort
Ist
Nichts
Als
Ord-
Nung:
In der
Hallen tote
Stunden.

Und den
Rat befolgen
Kinder.

Martina Lorenz
Königskind

Hab mir Sonnenstrahlen ins Haar geflochten
und die Glühwürmchen in die Nacht geschickt,
aus alten Büchern Weisheit getrunken,
in Lavendelfeldern das Blau gepflückt.

Gab der Dunkelheit mein Augenlicht
und dem Mohn meinen Duft zum Geschenk,
einen Mantel hab ich aus Worten genäht
und der Stille umgehängt.

In der Kälte habe ich Feuer gelegt
und ich tanz in des Gesterns Morgen,
die Welt ist schön, so grausam schön,
dafür werd ich schon sorgen.

Robert Göbel
Stadtlichter

Ich leb inmitten bunter Häuser
Die Sprayer sprüh'n mit flinker Hand
Auf S-Bahnscheiben übt man Scratching
Nichts seh' ich vom Berliner Land.

Ich lauf um frisch geschiss'ne Haufen
Spiel Fußball mit der Wegwerfflasche
Dem Straßenblueser einen Groschen
Der alten Frau stiehlt man die Tasche.

Hütchenspieler prell'n Touristen
Die Polizei macht tralala
Sie randaliert, wenn Linke tanzen
Und wenn's echt knallt, ist sie nicht da.

Am Alex baut man drei Paläste
Zum Einkauf und zum Dummenfang
Der Volkspalast wird „Grüne Wiese"
Der Abriss wird zum Grabgesang.

Kneipen, Kinos, Läden schließen
Das Kosmos auch, in Friedrichshain
Die S-Bahn lässt die Preise steigen
Das Büchsenbier trinkt man daheim.

Berliner, tip und auch Kurier
Stopft sich die fremde Schrecke rein
Die Info wird zur Nebensache
Rendite, die muss Spitze sein.

Berlin tickt immer noch verschieden
Der Euro trennt in Arm und Reich
Ein grauer Schleier senkt sich nieder
Berliner Ratten - die sind gleich.

Sandy Green
Liebes-Abecedarium

Achterbahnflug
Bettkichern
Chrysanthemenkissen
Dattelgenasch
Erinnerungsdurst
Farbglühen
Gefühlsrausch
Himmelsschaum
Inseltraum
Jauchzlippen
Katzengeschnurr
Lichterdämmerung
Mauerfall
Nahferne
Oktavensteigerung
Papierdünn
Quellenfund
Rauschnächte
Sternlächeln
Taukitzeln
Unterüber
Vogelfreiheit
Wellengeflüster
Xenophilie
YinYangverschmelzung
Zweifaltigkeit

Bircan Urak
rebellion

schlag gellt auf schlag
krallt auf stoß
wucht schellt auf
augen blitzen
dein blick knallt auf heiß
uns wird gleichzeitig schwarz vor augen
wir fallen
unsere verschütteten funken befreien sich von der asche
wir schweben empor
durch den hohlen berg
und strahlen auf den asphalt

Alexandra Gläser
Mitternachtstraum

Mitternachtstraum
Wir sind eingeschlafen
Du hattest mich im Arm
Mein Rücken berührte deine Brust
Deine Hände umfassten meinen Bauch
Ich war zusammengerollt
Ich war klein und geschrumpft
Es war so schön warm
Ich bin endlich eingeschlafen
Dann hatte ich die Augen weit offen,
doch es war dunkel
Mein Rücken nur eine kalte Fläche
Dort, wo deine Arme lagen,
zogen sich fröstelnde Bänder über meine Haut
Deine Hände haben Abdrücke auf meinem Bauch hinterlassen - aus
Eis
Alles ruhig, kein zweiter Atem
Noch nie
habe ich
so geschlafen

Ulf Großmann
Irrlichter

gegen Einsamkeit brennen
die ganze Nacht
bis auf uns lauernd er leckt
von außen der gedämpfte Tag
an den beschlagenen Scheiben

der verirrte Lichtstrahl legt sich
jalousiengebändigter Fächer neben uns
dann auf dich kann ich mit ihm
deine Brüste streicheln

bis Augen sich hinter Fassaden treffen
die Fenster öffnen und Realitäten
das Zimmer fluten

Petra Wurm
für dich

ich bin für dich
was du willst
ich sage dir
was du denkst
ich zeige dir
meine welt
mit deinen und
meinen Augen

ich sage dir
wer du bist
ich bin dir
ganz nah
von gesicht
zu gesicht
ich bin
ein gedicht

Wernhild Bartkowiak
ferne gärten

sommer war's -
und mit dem wind,
der alles gras umspielte und es zwang,
sich gegen westen zu verneigen,
der zwischen seinen halmen samen fand,
so zahllos wie das sternenheer,
blütensamen, weiss und zartgefiedert,
die er in langen, starken wogen
hoch in die weite zog und jäh
ins atemlose blau entliess,
um sie, nach einem augenblick des sterbens,
in einem neuen wirbel anzutreiben,
mit diesem wind
ging auch mein sehnen auf die reise.

ich wusste nicht, was jenseits war,
und ob in wahrheit dort,
wo alle blicke enden,
noch andre welten ihren anfang nehmen.
doch glaubt' ich deinen liedern jedes wort.

ich, die doch nur mit sommerzelten reiste,
und die im winterdorf
den kalten kochherd der verwandten
frühmorgens mit dem dung der tiere lud,
die dann aus feuersteinen funken schlug,
in einem büschel trock'nen grases
sie einfing und zur knisterflamme blies -
in einem haus, an dessen tür ein fell gespannt,
und dessen harsche mauer sich,
von holz gestützt, zum hang hinneigte -
ach, meine kehle wird mir eng -
die ich den namen keines königs kannte,
und nicht einmal mein eig'nes spiegelbild,
ich glaubte an paläste voller licht,
mit wasserspielen, mit musik
und strahlend hellen goldnen hallen,
an wundergärten voller moschusduft,
aus deren edelsteingeschnitzten ranken
die liebe-vollen blütenkelche endlos sich ergossen...

Reinhard Bitter
Buchenwald

Oktoberland
Eisig und weiß
Ruht der Damast
Tödlicher Kälte

Die Lavasee
Knirscht und
Alte Blutpocken
Mengen sich mit
Tauendem Reif

Die braune See
Sie spült splitternde Seelen
Die wirr sich in Rampe und Haken
Der Leichenkeller krallen
In den Öfen nach der Asche
Ihrer Körper schreien

Schatten fliegen heran
Schwarzäugig umrasen
Tonnenadler
Die faulenden Haufen
Der Kapos und Roten

Der singende Wald läßt
Alles Blut in den
Baracken versteinern
Wahnsinn löffelt der Junge
Aus den Ästen der
Süßlichen Nacht

Nadeln im grauen Pergament der Haut
Kugeln im Genick
Feuer brennen Gebein schlohweiß
Der Hunger im Bunker
Die wunden Frauen im Bordell
Zwei Tage nackt im Drahtverhau

Blau lacht der Tod
Im Runengewand

Oktoberland
Eisig und weiß
Ruht der Damast
Tödlicher Kälte

Mechthild Franz
Kaffee - danach

Kaffeeduft
steigt kräuselnd in den Raum.

Ein Rest Betroffenheit
hängt in schwarzen Jacken.

Gefühl
findet einen Platz in der Ecke.

Noch ein Stück Kuchen?
Sie hat nicht lange leiden müssen.

Ein Lachen
wandert die Tischreihe entlang
und erstirbt.

Blumen hätten sie ja schicken können.
Nimm doch noch das Schnittchen.

Endlich wieder etwas Festes
zwischen den Zähnen.

Steffen Herrmann
Zwischen den Schienen

ich stellte Gepäck ab
in der Bahnhofshalle
es sah armselig aus
ein kleines Häufchen Notausstattung

das was man meint
nicht entbehren zu können
und dabei
ist's nichts als Ballast

ich könnte jetzt eine Karte schreiben
an einen alten Freund
dessen Adresse mir dann nicht einfällt

das was man braucht
ist meistens woanders
und man friert sich am verkehrten Gleis die Nase blau
und hat kein Taschentuch

die Schließfächer blinken Bereitschaft
die Fliesen sind gesprungen und verdreckt
einer hat seinen Rucksack stehen lassen:
der ruft ihn bestimmt nicht zurück

Jens Hoppe
Hasengedicht

Vor kurzem traf ein kleiner Hase
Auf dem Felde eine Vase.
Und sprach sodann zu dieser Vase:
"Sag mal, bist du auch ein Hase?"

"Leider nein, du kleiner Hase",
antwortete darauf die Vase,
"zeit meines Lebens war ich Vase
und immer Vase, niemals Hase".

"Und ich selbst war niemals Vase!",
rief entsetzt enttäuscht der Hase,
"War mein Leben lang nur Hase!
Ach wie schade!", zu der Vase.

Leicht erhitzt blickte der Hase.
Leicht errötet war die Vase.
"Welch ein Hase", schwärmt die Vase.
"Tolle Vase", denkt der Hase.

Rudolf Kraus
eine russische seele (weiblich)

arglistig
wie das leben
manchmal
zu sein scheint

und der glaube
zuweilen
ein brennendes inferno

links rechts mitte
egal
schuldgefühle allerorts

Fabian Kiendl
Übermächtiger Gegner

Ich breche im Parterre ein,
das Fenster ist schnell offen.
In einer Ecke ein Tresor,
das lässt auf Beute hoffen.

Den transportier ich einfach ab.
Doch der sitzt wie die Zecke
mit fingerdickem Schraubenstahl
verdübelt in der Decke.

Ich setze einen Bohrer an.
Verflucht! Bei Stufe Drei
kommt an gehärtetem Mangan
mechanisch nichts vorbei.

Ich setze einen Brenner an.
Da kommt es richtig dicke!
Die Wand entwickelt dichten Rauch.
Zur Hilfe, ich ersticke!

Ich rüttle den Besitzer wach
und droh ihm mit Gewalt.
Du öffnest den Tresor sofort.
Wenn nicht, mach ich dich kalt!

Gestresst tippt er die Zahlen ein.
Schon wieder schlechte Karten!
Das Zeitschloss hat sich aktiviert,
nun heißt es erstmal warten.

Das war dann wohl ein Fehlversuch.
Hier bleibe ich nicht länger.
Verflixt! Es kommt die Polizei
und steckt mich in den Zwänger.

Zur Hölle mit dem Baumarktschrott,
verbannt den falschen Geiz.
Der Tod der alten Schränkerzunft
kommt morgen aus der Schweiz.

Walter Knoth
Eines Tages

Eines noch brauchbaren Tages
wird der swimming pool
ausgedient haben.
Wir werden ihn ins Album kleben.
Eine nässliche Affaire - man muss
die Apotheke plündern, um die
Erinnerungen einzuschläfern
an jene sonnenheissen Steinplatten,
darauf feuchte Fussspuren,
an die Grasstreifen, deren Reste
sich im Filter fanden,
an jene Tage, zu warm für Badeanzüge.
Zähl bis 3000, wenn du kannst.

Peter Klinke
Exodus 1989 (frei nach 2. Buch Mose)

Sie liefen davon
in das gelobte Land.
Mose mahnte zur Eile.
Keine Zeit blieb für das Backen
der gesäuerten Brote,
verlassen
der noch warme Herd.
Zu hart war die Knechtschaft
all die Jahre.

Gibt es jenes Land,
wo Milch und Honig fließen?
Nach vierzig Jahren
Wüstenodyssee
ist er in Sicht,
der Berg Nebo?
Diesseits oder jenseits des Jordan?
Höre Volk, in fremden Ländern
leben fremde Völker.

Andreas Knapp
Frühstücksgedanken

wie eine Mauer
die Zeitung
hinter der du dich verbirgst
hauchdünn das Papier
und doch so undurchdringlich

ich aber würde gern
in deinen Augen lesen
was in deiner Welt geschieht
von Krieg und Frieden in deiner Seele
den Wetterbericht mit deinen Hochs und Tiefs
und schließlich würde ich so gern
das Rätsel lösen
das sich in deinen
Stirnfalten versteckt

Reinhard Haufe
Die Stadt

Schimmernd bietet der see seine fläche,
harrend all der dichter,
die da kommen werden.

Lichterketten rahmen seine größe,
tauchen die fingerspitzen
in das nächtlich schwere naß.

Die stadt trinkt.

Auf glänzendem straßenpflaster,
auf regennassen dächern
spiegelt sich mein lächeln
und aus offenen türen spricht mein mund.

Anne Krauß
jahrmarkt

auf dem jahrmarkt der gefühle
kaufst du dir ungeachtet
die zeit des erwachens
doch was nützt die schwarze sonne
die erkenntnis speit
asche bedeckt deine wunde seele
& fleckige feuersteine
zermürben das reine
weiße leinen
das du zu freiheit goldenem kuss aufbewahrst
was nützt das scharlachgrelle spreizen
der zerrissenen adern
glühend heiß
& kalt wie ein totenriff
auf ein verbinden von gläubigem wahn
& irrer stille
ein einsam
rauchverflochtenes skelett der kreuzzüge bleibt zurück
um eitrigen amok
fiebertoller leidenschaft
in verbotener erinnerung aufblühen zu lassen
ein wort berührt gedankenverloren
die schattigen stellen
deiner versteinerten knochen
& seufzt der unendlichkeit bebenden kampf
auf dem jahrmarkt des lebens
kaufst du dir bewusst
das rote leid der welt
das fieber der verdammten

Reinhard Kühl
Vier aus der Bundesrepublik

Tatsächlich da!

Die Schuhe angelassen,
Ostern ist keine Zeit für die Ostsee.
Durch den Sand bis nach vorne.
Die Wellen fallen ganz klein,
ablandiger Wind.
Es riecht nach Braunkohle.

Lottchen in die Mitte,
Hannelore knipst.

Was ist Glück?
Alles beginnt.

Sylvester Resch
Epiphanie

Im Liegen ein Blick aus dem Fenster:
wie Rußflocken treiben Krähen
unter grauschwangerem Himmel.
Mein Kopf gefüllt mit Blei, gerostet der Leib ...
Unmöglich aufzustehen ins Leben!
Engel, ihr! Lasst tief mich zurücksinken
wieder in die lautlosen Wasser aus Vergessen!
Weist den Weg der Gnade mir
zum Nichtsmehrwissenmüssen!
O gut zu sinken ...
Ein Flüstern: schau!
Der junge Mann aus dem Galil!
Der Gottmituns!
... Lächelnd, im Vorübergehen,
stellt er ein Schild in meinen Traum: EXIT

Anna Kuschnarewa
ballett der fischstäbchen

einkaufswagenrushhour
aufmarsch der ersatzbefriediger
suchende am wühltisch
schieben wir unsere träume vor uns her
und finden beim obst
den klon eines klons eines klons

in der tiefkühltheke formfleischphantasmagorien
fooddesign für den catwalk
die magenschleimwand entlang
der metrosexuelle trägt uniform
auch innen

beim kassenappell
sind wir alle gleich
ein ballett aus fischstäbchen
meine zeit liegt auf dem warenband
als der groschen fällt
gezahlt wird hier bar
mit dem leben

Franz Maxwill
Terminplan

noch schnell
brot einkaufen
haare ordnen
der zeitung die schlagzeilen abnehmen
den sohn auf den armen tragen
eine suppe löffeln
tief einatmen

und
ach ja
heute noch die welt verbessern

Matthias Kneip
Zur Rettung des Konjunktivs

Was wäre wenn
es den Konjunktiv
nicht gäbe?

Die Wahrscheinlichkeit
wäre sicher
jeder Zweifel im Keim
schon erstickt

Die Zukunft stünde da
als stünde sie fest
und an der Vergangenheit
ließe sich nicht rütteln

Wenn es den Konjunktiv
nicht gäbe
wäre vieles leichter

Nur die Träume
fielen hart vom Himmel
so ohne Flügel

Sabine Gohlke
Klabautermann

Klabautermann voran!
Wir spielen Schiffe versenken.
Es macht einen Heidenspaß,
Schiffe auf Riffe zu lenken.

Klabautermann ans Steuer!
Wir fahren von Luv nach Lee.
Wir sehen die Schiffe zerbersten
Und blutig wird die See.

Simone Walker
Julien

Du bist so klein
mein Sonnenschein
Ein Lachen von dir ist mein Glück
Es nimmt mir den Schmerz Stück für Stück

Du gibst meinem Leben einen Sinn
Du bist für unsere Familie ein echter Gewinn
Du öffnest so viele Türen
Ich kann Deine Liebe spüren

Geistig behindert, unheilbar krank und fast blind
doch bist Du Freude, Hoffnung und Liebe, mein Kind
Ich bin froh, dass du mein Kind bist
ich weiß, dass dein Leben mein Glück ist

Michael Kohl
Nietzsche in der Landschaft

manchmal
- auf Zugreisen -
sehe ich in den
vorbeiziehenden
Landschaften,
grüne Hügel mit
jungem Baumbestand,
eine
schwarze riesenhafte
einsame Gestalt wandeln,
fast kopflos anmutend
- mit einem schwarzen Hut -,
das Bild ergänzen
als stille traurige Frage
an das Leben,
ob es gelinge.

Christiane Czymoch
rate, spiel

Fragen verlangen
nach Antwort

Ich stelle sie mir
Ich stelle mich taub

Alsbald zerfallen Fragen
und Antwort zu Staub

Nichts als ein Rätsel bleibt
mich zu plagen
Warum ich Zerfall auch der Antwort erlaub

Doch stets wenn ich mich
auf die Suche begebe
erhebt sich der Staub
mir die Sicht zu trüben

Hören und Sehen muss ich also noch

Kai-Uwe Götz
Homo Technikus

Spring du nur fleißig
Technikbewaffneter
Durch das Multiversum

Träumend von meiner Mondbarke aus
War ich überall
Schon lange vor dir da

Du bist stets kopflastig
Und dein Herz
Läuft auf wunden Füßen
Hinter dir her

Jonathan Kropf
Erinnerungen im Herbst

Ein stummes Lampenspalier bewacht die Teerflüsse
Glühende Stemmeisen in den Himmel gewinkelt
Stromkabel haben ihn in schmale Streifen liniert
Für herabfallende Wolken haltet eure Netze gespannt

Schleichend rückt die Nacht am Spätnachmittag ein
Kältewallungen mit gefühlten 30 000 Hertz
Ich schlage einen mächtigen Krater in die Zeit
Im Innern des Kegels kann ich Dekaden durchschreiten

Die Orte der Vergangenheit sehen von Nahem blass aus
Verstaubte Gegenriesen einer abfallenden Zeitachse
Leere Zettel wandern als Lesezeichen durch Romanzen

Zerlaufende Uhren schenken bitteren Sirup aus
Die morschen Hebel greifen in haltlose Lüfte
Die dunklen Wolken schmiegen sich der Kreisbahn an

Manuela Kreibig
unbesorgt

ich habe mich heut
in eine verträumte ecke geführt

mich in einen mantel
von mehl gehüllt

meinen laib in
ein brot gesteckt

meine augen
auf äpfel geheftet

aus meinen knie-
kehlen ein lied geträllert

Astrid Probst
Verlorene der Nacht

In einer kühlen Bar
spät, sehr spät,
klebt kalter Rauch auf kahlen Tischen,
Verlorene der Nacht.
Lichtschwaden machen Vergangenes sichtbar
und Zukünftiges.

Einer an der Theke:
dünne Finger klammern sich an fette Gläser.
Das Spiegelbild verzerrt die Wirklichkeit.
Was ist wahr?

Es wird nicht mehr gelacht, geraucht, gepokert.
Es wird nur ausgehalten, vor allem sich selbst.
Vor allem das! und der eigene Blick,
der in der Zeit verschwindet
ohne Wiederkehr.

Verlorene der Nacht
versanden vor monotonen Tönen
eines Spielautomaten.

Alles wird nichts,
bleibt wie es ist.
Bier hat Seen gemacht,
in denen keiner ertrinkt, und doch!

Die Luft ist blau.
Aus einem Bündel Ahnung
klingt das eigene Echo nach Tiefsee,
dumpf und fern.

Arme liegen eisensteif nebeneinander,
als hätten sie nie etwas anderes getan.
Mit jedem Augenblick gerinnt der Atem.
Und die Leere, der Mangel!
Du bist du, und er ist ich.

Bier brennt Kreise ins Holz der Tische,
unzählige Jahresringe der Trunkenheit,
bewacht vom Dunkel und vom Trübsinn,
aber immerhin bewacht!

Draußen steht der Morgen,
drinnen sind Sitzplätze.
An dürren Stängeln wachsen Hocker empor:
Besitzen macht besessen,
doch nach Mitternacht nicht mehr.

In einer kühlen Bar
wird Geschichte gemacht,
von der keiner etwas erfährt,
allein die Verlorenen.

Cebe Rademacher
Abstraktionen. Orte.

Je mehr ich
zu Hause bleibe,
umso weiter
verreise ich.

Wohne ich
im Kaff, im Westen,
bin ich doch
im Osten, oh,
in kapitaler Stadt.

Im Universum aber
halte ich mich
am liebsten auf,
wenn ich Moos kratze,
in aller Unschuld,
aus den Fugen.

Herbert Kummetz
norddeutscher sommer

fette heckenrosen
laden breit und blütensatt
uns ins Bett der düfte
schon ihr Atem setzt uns matt

blinzeln müde augen
rosarot und mittagsträg,
legen flink die sachen
einfach von uns längs am weg

heidebüschel quengeln
unter unsrer leiber last,
quälen schlaffe häute -
unterm po ein dicker ast

fällt die süße schwere
still auf unser federn herz,
sehen an uns beiden
käfer taumeln nabelwärts

schaun dann tief nach oben,
lange Zeit vergeht man schweigt
bis ein Himmelsschleier
flüchtig sich am Buschrand zeigt

selbst mein zeh würd sagen
bin so heckenrosenfroh
ach ja, gut zu wissen:
deine wimpern glitzern so

Heimo Linder
Die Momente erkennen

Die Momente erkennen, die anders geworden sind.
Spinnfäden in dem dunklen Vorgartenbusch.
Verhangene Fenster hinter denen es laut klingt.
Was war nicht richtig gewesen?

Die Momente erkennen, die in Zukunft kommen werden.
Schon lange nicht mehr sauber gewesene Hände.
Rasierklingen auf dem vollgeräumten Küchentisch.
Warum war es nicht richtig gewesen?

Bleib bei den Tatsachen, komm nicht angelaufen,
um dann zu erstarren. Erschöpfte Hände
ziehen die schweren Säcke hinter das Haus.
Unmöglich anders zu reagieren in dieser wilden Haut.
Schütte nicht den grauen Lack aus.
Schöpfe nicht einen Moment lang Hoffnung.
Stehend hast du den letzten Tanz verfolgt,
unbemerkt in den staubigen Schuhen.

Zurückgekehrt waren dann alle - außer dir.
So viel war schon gestohlen worden.
Dann - immer wieder die gleichen Antworten,
wenn sie gewesen wären, wäre alles anders.

Die Möglichkeit hätten sie leider nie gehabt.
Im Waschbecken blieb der schmutzige Rand,
abgeschnitten Haare auf dem Küchenboden.
Du siehst heute so fremd schön aus.

Werner Linke
Der Manager

Misserfolge sind ihm fremd.
Erfolgsdruck macht ihn ungehemmt.
Sich überschätzend glaubt der Mann,
dass keiner ihn ersetzen kann.
Dynamisch kennt er alle Tricks,
drum volle Pulle bis Tag X.
Da macht sein Herz ganz plötzlich bumm
und ohne Warnung fällt er um.
Obwohl nichts im Terminbuch stand,
was ich bei ihm befremdlich fand.

Der Manager 2. Teil

So ist nun eine Stelle frei.
Sofort beginnt die Rangelei.
Es gleicht fast einer wilden Hatz,
um diesen nunmehr freien Platz.
Bis einer dann den Stuhl besetzt,
der sich noch viel mehr überschätzt.
Erspart mir, wie es weiter geht,
weil's im Teil eins beschrieben steht.

Resümee:

Erfolg zu haben ist in Mode,
doch hetzt euch dabei nicht zu Tode.
Denkt im Stress auch stets daran,
wie schnell man euch ersetzen kann.

Paul Neubauer
Familienfrühstück

Ein Teller
eine Tasse
eine Untertasse
Noch ein Teller
eine Tasse
eine Untertasse
noch und zwei
Er isst Zungenwurst
Sie isst Aprikosengelee
Messer Gabel Löffelstiel
Unsere Kinder fragen viel

Ralph Loevenich
Liebestraum

Hab geträumt die Nacht von mir,
hab mich kaum erkannt,
lag im Bett, vor Schmerzen krumm,
das Gesicht zur Wand.

Muss schon lang gelegen haben:
ganzer Rücken wund,
bleiche Züge, graue Haare,
keinen Zahn im Mund.

Wimmerte nur hin und wieder,
dass der Topf geleert,
hoffte, dass da einer säße,
der was Zeit entbehrt.

Hab geträumt die Nacht von dir,
spürte deine Hand,
spürte alles Glück der Welt,
das Gesicht zur Wand.

Alwine Menzel
Liebeslied

Als ich Kind war, fand ich meinen Opa so toll,
der kannte Geschichten, die warn wundervoll.
Mal spannend, mal witzig und manchmal verrückt,
und wir saßen aufm Sofa und ham Popcorn verdrückt.

Er hat für mich Drachen und Stelzen gebaut
und abends mit mir in den Himmel geschaut.
Mach's gut, komm bald wieder - und gib auf dich Acht,
sagte er dann zum Abschied und ich rief wird gemacht.

Dann wurde ich älter, sah den Jungs hinterher.
Ich fand mich potthäßlich und das Leben echt schwer!
Ich hatte zig Fragen nach Gott und der Welt,
und die hab ich dann alle dem Opa gestellt.

Er fand für mich immer das richtige Wort,
und mit Popcorn in der Tasche rannte ich wieder fort.
Mach's gut, komm bald wieder - und gib auf dich Acht,
sagte er dann zum Abschied und ich rief wird gemacht.

Und irgendwann war's mit der Kindheit dann aus.
Ich zog sehr weit fort, kam nur selten nach Haus.
Zu Opa zu gehn fand ich oft keine Zeit,
und über „früher" zu reden war ich nicht bereit.

Die Tüte mit Popcorn, die steckte ich ein.
Ich wollte auf keinen Fall unhöflich sein.
Mach's gut, komm bald wieder - und gib auf dich Acht,
das rief er wie immer - ich hab albern gelacht.

Und die Jahre vergingen - ich war nicht mehr jung.
Ganz plötzlich kam dann die Erinnerung.
Die Kindheit mit Opa ging mir durch den Sinn,
und ich dachte spontan, „da fährst du bald hin".

Ich wollte ihm sagen, „ich fand dich ganz toll,
und deine Geschichten war'n wundervoll".

Mach's gut, komm bald wieder - und gib auf dich Acht -
wie oft hatte er diesen Satz gesagt!

Drei Monate gingen dann doch noch ins Land,
bis ich endlich den Weg zu meinem Opa fand.
Ich wußte, er lebte im Altenheim -
dort saß er am Fenster, so zerbrechlich und klein...

Ich wollte ihn so vieles fragen,
und dennoch wußt ich nichts zu sagen.
Ich setzte mich zu ihm und nahm seine Hände.
Er sagte: „Ich wollte, es ginge zu Ende,
ich weiß nicht einmal, wer du eigentlich bist ...
man wird furchtbar einsam, wenn man alles vergißt."

Ich konnte nicht reden, ließ Minuten verstreichen.
Ich suchte den Schlüssel, um ihn zu erreichen.
Dann wurde mir klar, was ich machen mußte
und begann zu erzählen, was von „früher" ich wußte.
Sein Gesicht wurde jung, dann hat er genickt:
"Ja ich weiß! Und wir haben dann Popcorn verdrückt!"

Mach's gut - ich komm wieder - und gib auf dich Acht,
das rief diesmal ich, und wir ham beide gelacht.

Peter Corneli
Im Nirvana der Ästhetik

Armani, Boss und Lagerfeld,
Gucci, Prada, Joop, Escada,
Schönheit herrscht auf dieser Welt.

Mode
ist für Tote.
Leben
braucht kein Design.
Nein! Nein! Nein!

Bruno Mach
Romanze

Nur wenig Zeit noch.
Schon regt sich
das Natterngeflecht
unter den Dielen,
nimmt Witterung auf.

Für ein paar Stunden
einander ins Netz gegangen.
Farnworte flüsternd,
so bitter und schattenreich
im Räderwerk der Tage.

Es war. Es war. Es war.
Kein Blick zurück,
keine Namen, keine Erinnerung.
Jedes Wort ein Sterbenswort.

Warum noch leugnen,
so kurz vor dem dritten Hahnenschrei.
Kommen und gehen,
reden und schweigen.
Wie alles sich gleicht.

Und schon Schneeworte am Himmel,
da noch Sommer ist.

Heidemarie Mönkemeyer
Bahnhof Göttingen

Die Lektüre vergessen
Das Schreibzeug auch
Allein die Zeit
Als Reisebegleiter

Kommt mit mir
Und unterhält mich
Gerade steht sie
Scheinbar

Wartend am Gleis
Bahnhof Göttingen
Richtung Süden
Meinen ruhelosen Blick

Die Minuten raffend
Belächelt sie milde
Ihrer Ankunft gewiss
Die lange Wegstrecke

Zwischen Hier und Jetzt
Ein Atemzug der Zeit

Serdar Mutlu
Futterluke

"Mit oder ohne Da'm?"
"Essen hält den Leib zusam'."
"Und die Seele noch dazu."
"Jib mir noch 'n Korn, du!"

"Schaschlik mit Zigeunersoße."
"Willst 'ne kleene oda jroße?"
"Ne jroße mit viel Senf dabei
und 'n Schlag Kartoffelbrei."

"Eenmal Pommes rot und weiß."
"Was's'n dat für 'n Riesenscheiß!
Die Wurscht die is ja ohne Darm
und zudem nich' richtig warm!"

Blutsch, blutsch, Ketchup druff,
spritzel, Schnitzel, Fettgeruch,
blutsch, blörk, blör ...
"Dat Mayofass is' leer!"

"Der Hunger treibtet rinn,
dat Bier dat spültet runta,
der Korn, der bringtet wieda hoch."
"Weeß nich' für watte ick maloch!"

"Schuld daran sind nur de Türken."
"Als kleener Mann kannst nischt bewürken."
"Ick hab' de Schnauze langsam voll."
"Ne Mille im Lotto, dat wär toll."

"Meene Alte is 'ne Schlampe,
wenn die kocht, det jibt 'ne Pampe.
Darum komm' ick imma hier,
noch 'n Korn un' noch 'n Bier.

Daniel Mylow
alles wie immer

morgens ist alles wie immer
rauch steht in der luft
und deine lebensgeschichte
verliert sich in einem satz
zwischen den schlagzeilen
über steuererhöhungen
und dem abbau von sozialleistungen
ein krieg brächte
neue arbeitsplätze
nur so ein gedanke
auf deinem täglichen gang
durch die regenstadt
wo die schaufenster
das paradies der gefühle erleuchten
davor verstreicht ein bettler
sein erbrochenes auf dem asphalt
mittags sehe ich mich noch
und ich sehe mich nicht
vor traurigkeit bin ich mir ganz
fremd geworden
fremd wie der abglanz des himmels
auf den fassaden der bürotürme
fremd wie die reglosen gesichter
der menschen in der u-bahn
deren leben ich nicht kenne
abends ist alles wie immer
der döner schmeckt nach faulen versprechungen
im suff höre ich dem regen zu
er wäscht die paradiese blank
und zwischen sportschau und lottozahlen
suche ich die straße nach süden

Daniela Harnack
Nähe

Meine Finger gleiten
an den Noten
auf Deinen Wirbeln
entlang
Dein Herz spielt
tief
klingt
hallt
in meinem Geist wider
Nah
so nah
wirst Du
nie wieder
sein

Uwe Nickel
Wiederbilder

Eine kreischende Rassel
ein hysterischer Schluckauf
wie immer
wenn ein Brief von den Kindern kommt

Das Auto fährt in den Himmel
mit reglosem Windrad im Fenster
ein Mann brennt aus dem Kopf
er winkt mir und lacht

Was fange ich nur mit all diesen Strichmännchen an
jedes einzelne physisch
jedes ein Rest
Besichtigung einer Märchenwelt

Fünf Stockwerke habe ich noch
um sie aus dem Leben zu denken

Mareike Kaplan
völlig verwirrt

ich wollte sein
was ich dachte
sein zu sollen
glaubte
das zu sein
was ich bin
ohne darauf
zu achten
dass ich bin
was ich sollte
ohne zu fragen
ob ich glaubte
das zu wollen
was ich sollte
sein zu glauben.
wäre ich
ich
wenn ich dürfte
das zu sein
was ich nicht sollte
sondern wollte?

Dirk Becker
polwärts

im eisgrauen schiebt sich
meeressplitterung
scharlachfarben
über den kristallklang
der see

pinguine
ziehen polwärts
trauergewandet

Franz Xaver Neubert
Plätzchen

Kurz vor Mitternacht
Saßen wir alle
Am Tresen der Welt
Von Gott dem alten Barkeeper
Zum letzten Drink eingeladen
Steinerne Blicke schiffsbrüchig
In den Meeren müde sprudelnder Gläser
Sorgfältig faltete der Sekundenzeiger einen Augenblick
Die Ewigkeit war wohl noch nie so lang wie jetzt
Dachte ich

Das All schrammte an uns vorüber
Und übertönte die Schönwetterwolkentraurigkeit
Das Rauschen der Mondsichel durch das Getreide der Nacht
Gott züchtet in den Flüssigkeiten unserer Seelen
So ziemlich alles
Dachte ich

Materie ist flüssig
In der Hitze der Zeit
In der Schwüle der Vergänglichkeit
Werden Felsen Gelantine
Und das was an Dir Seele ist
Tropft immergrün von deiner Stirn
Engel sind farbenblind
Dachte ich

Bitte entschuldige Sie mich
Sagte ich
Aber meine Lebenserwartung endet in drei Minuten
Ich bin untröstlich aber Sie werden verstehen
Dass ich keine Ausnahme machen kann
Und zog mich in die Kürze der Zeit zurück
In die unverbindliche Sorglosigkeit der Existenz

Meinen Aufenthaltsort erraten die Engel
Wenn sie im Windschatten der Meteoriten Briefmarken kleben

Wenn das Neonlicht erlischt
Die Belüftungsanlage verstummt
Die Milchstraße denkt beim Frühstück daran
Alle Welt spricht davon und keiner versteht sie
Sie selbst sich selbst am wenigsten

Abends bürste ich aus meinen Kleidern
Abgase
Duft nach verbranntem Müll
Ich steige in Badewannen voll Sonnenlicht
Ich kämme Eimer von Tränen aus meinen Träumen
Ich bin festgefroren in den Lücken zwischen den Sprachwolken-
fetzen
Gestaltlose Welten ziehen durch meine Seele wie müde Flüsse
Über sie zu schreiben
Ist wie Plätzchen ausstechen
Aus einem Ozean

Meine gummierten genoppten Gedanken
Laufen die Wände des Schädels hinauf
Hinaus aus der Höhle des Hirns
Kreisen um Sommer Geburt Liebe Herbst Tod
Fallen als müder Regen in den Schwamm meiner Sehnsucht
Und verklingen als diffuses Licht
In den fernen Schattenprovinzen des Pfeifenrauchs

Vielleicht ist dies die innere Stille
Die man für einen Kuss
Bräuchte
Vielleicht
Dachte ich

Fred Peper
transit

ich lebe und lebe am leben vorbei
und frage und grüble was sinnvoll wohl sei
was gilt's zu entdecken zu finden zu spürn
wie ist es ein glückliches leben zu führn

ein baum ein see durchfliegt meinen blick
ein haus ein hund bleibt einsam zurück
dort tanzen und feiern sie küssen sich zwei
und sind schon entschwunden ich rase vorbei

drei sind bei der arbeit und mühen sich ab
ein andrer hält reden und jene auf trapp
und drüben dort hinten stehn birken ein hain
daneben sind gräber mit totengebein

so sitz ich hier drinnen seh all das von fern
und grüble und denke und wüsste zu gern
wie lebt man fröhlich wie lebt man frei
zu rastlos zu schnell rauscht alles vorbei

und halten kann man nicht und nichts
ich frage den himmel den herrscher des lichts
und sage ihm alles was ich mir gedacht
so fahre ich weiter hinein in die nacht

Walter F. Meyer
Gedanken beim Espresso

Der erweiterte Herzspezialist (über die Marktsituation):
Herzschrittmacher sind beinahe alltäglich geworden,
an Gewissensschrittmacher
dagegen
ist niemand interessiert.

Ulrich Pohle
märzlied

die adjektive sind verbraucht
das frühgemüse schmeckt nach wasser
das gras vertrocknet aufgeraucht
und auch mein körper scheint mir blasser

verhalten grinst der optimist
die osterfarben sind zum schreien
denn frühling ist und ist und ist
das erste bier im freien

Friedel Horst Nonnengard
Irgendwo

Keine Ahnung
woher.
Keine Ahnung
wohin.
Irgendwo,
irgenwie,
mittendrin.

Keine Ahnung
warum.
Keine Ahnung
wieso.
Irgendwo
im
Nirgendwo.

Woher?
Warum?
Wozu?
Wieso?
Im Nirgendwo.
Irgendwo!

Manfred Pricha
marterstrecke

ich laufe keinen marathon
vielleicht amok
und mag schwedische gardinen
von einem möbelhaus
das den elchtest nicht besteht
von null auf zweiundvierzig
ist mir unmöglich
so schnell alt zu werden
wie würde das aussehen
ich komme mir
ein wesentliches stück näher
mit dem handy
aber kein schwein ruft mich an
und falls ich mich krümme
bestimmt nicht mit lichtgeschwindigkeit
durch raum und zeit
weiß nicht mal
wo die glocken läuten
in dieser galaxie

Peter Schäffer
Aus

Der Traum ist aus.
Bärenrot und Krötenei,
aus der Traum, aus und vorbei.
Hasengelb und Mäusekot,
übermorgen bin ich tot.
Nudelschlange, Gurkenfass,
jede Wolke macht mich nass.
Ziegenhimmel, Höllenknall.
Schlaf dich aus und fang den Ball.
Ausgezählt und eingestellt.
Siehst du wohl:
Das ist die Welt.

Roland Mörchen
schweigemal

Das Schweigemal auf den Lippen,
wieg ich mich nackt in der Welt.
Es ist Blütezeit, wenn du mich ansiehst,
dein Mund die Wahrheitsknospe weckt.
Greif nach dem Stamm,
steig über die Wortwurzeln
und folge dem Klang,
dem Schwebenden -

Thomas Rackwitz
in strasbourg

die fremde schleppte uns die seelen
hinterher für ein stück brot
die flüche aber
stets parat auf ihren lippen
wir hatten angst

vor der sonne
flüchteten die unbequemen boote
bis ans ufer
& vielleicht
kam die stimme
von der wir meinten
dass sie sei
aus einem örtlichen café

nachts
schauten wir auf die plakate
auf der andern straßenseite
oder unterbrachen uns
mit schweigen
als das weinglas
widerspiegelnd
unsre nacktheit offenbarte

Axel Hermann
Außen vor

Ein Fundament aus tiefer Zuneigung,
das Gefache aus dauerhaftem Vertrauen,
die Fugung aus wärmendem Interesse,
die Decken aus stabiler Verlässlichkeit
und ein Dach aus überbordender Liebe!

So ließe es sich trefflich leben,
wenn man nicht aus Zweifel außen vor
sitzen bliebe.

Barbara Rademacher
Er-wartet

Der Regen prasselt Mantel nass und Hut
Durch feuchte Morsezeichentropfen kurz - kurz - lang
Sucht mein Aug', mein Herz mit abnehmendem Mut
Dich - und Züge fahren ab und kommen an.
Die Regenschirmhand schmerzt und krallt im Zwang
Den Ledergriff, sie ist schon halb erfroren
Doch fühl ich nichts, schau in die Ferne dann und wann,
Hab einen Zug im Nebellicht mir auserkoren,
Er quietscht und dampft im Halt aus allen Poren.
Sie fluten aus, umfließen mich mit ihrem Duft
Salznüsschen - Lippenstift - Parfüm liegt in der Luft -
Doch fühl' in hundert Menschen ich mich hundertmal verloren,
Denn ich weiß nicht, ob du wahr bist, wie du schreibst
Und ich weiss nicht, ob ich möchte, dass du bleibst
Nur dein Foto, deine Worte liegen eng an meiner Brust
Doch ich weiß nicht, ob du das mit deinem Körper tun musst.
Dann bist du da! Vor dem Waggon dort stehst du still
Und mein Herz sagt mir, dass es mit deinem schlagen will
Und ich falle - die Zeit bleibt stehen,
Während wir vom Bahnhof gehen.

Anna Real
Unter Vorbehalt

Kaum angekommen wird mir
der Kaffee wieder kalt ich habe
die Uhr vorgestellt damit der Kellner
ermüdet eigentlich schreibt er
über Musil und die Physik deswegen
ist es hier nüchtern und kühl
ab achtzehn Uhr Teelicht
zum Schichtwechsel schenke
ich ihm das Scheppern
des Kleingelds es klingelt nach
als er um die Ecke verschwindet
später treffe ich ihn vor dem Reclam-
Regal kaum handflächengroß Novalis
ja frage ich ist er gut untersucht
der ewige Streit um Vergessen und Suche
eine Hängepartie an ihren Seilen
schaukelt das Kind ich trete
den Heimweg mit Füßen
Ausflüchte in vernünftigen Schuhn

Martin Simon Krüger
kein titel

denken ist mein sehnen dich
leere dich leeren du.
du sehnst mir.
träumt dich atme dein.
bist mein sehnen schrei.
leuchtest schmerz mein finden.
dunkelst licht die welt.
bist mein dich,
dein mein,

mein ich im du.

Hans-Werner Kube
Geh, dichte

mach den Affen
den Elefanten
mach dir einen Reim
auf alles Ungereimte
mach dir ein Bild
und sei im Bilde
und mach dich lustig
mitunter lächerlich

komm aus dem Takt
beim Gleichschritt
blase den Marsch
und pfeif drauf

jongliere mit Stil
bringe die Träume
zum Schäumen
schlage Rad
am Grabe
und Haken
in die Phrasen

werde dichter

Stephan Richter
Warteraum

an manchen tagen
trägt sich die haut
wie blei
tage der flaute
kein lüftchen regt sich
der ozean steht
und die erinnerung
brennt auf unseren leibern
ein erster blitz
falkengleich dann
stürzt der himmel herab
ein schwarm erschreckter tauben
flattert davon
in meiner hand
eine feder

Helmut Glatz
Hund und Jäger

Ein Jäger saß auf einem Stand
und sagt zu seinem Hunde: Sitz!
Der Hund, der dieses albern fand,
blieb stehn. Er hieß mit Namen Fritz.

Der Hund stand da im Waldesgrund
und sah zum Jägerstand empor,
er war ein unfolgsamer Hund.
Der Jägersmann hieß Theodor.

Der eine saß, der andre stand,
und beide suchten ihrem Leben
(was sie innerlich verband),
einen tiefern Sinn zu geben.

Ulrike Rößle
Randerscheinung

Dächer rasen vorbei
Niemand hat eine Bleibe
Die Erde hält sich nur an ihren
Bäumen fest
Alle Kanten sind welk
Zehn Badewannen stehen rostig auf
dem Feld
Das Schöne ist eingezäunt
Tumbe Blicke treffen auf
Bussardkugeln
Halte das Töpfchen mit Milch
warm, mein Kleines
Wir füllen alle Wannen und zerschlagen
den Topf auf dem Feld

Rotraud Sarker
Greisin

Noch immer steht sie jeden morgen
auf und spielt klavier Es
hört sie niemand, seit langem
lebt sie hier allein in ihrem
großen abgelegenen haus
aus rotem stein Sie nimmt
die schere, schneidet weiße herzen

aus papier, klebt sie an alle fenster
und hofft, dass man sie
aus der ferne sieht Sie liebt
das leben und die hellen
und die dunklen tasten Still
zieht die sonne, zieht
der mond inzwischen ein und aus

Heike Ronsdorf
krrreislauf

wir treten immer auf derselben stelle
drehen uns im kreis
jeder um sich selbst und
ebay musik und sex
das niveau der liebe
die mutter der karriere

die alten werden die jungen sein
die alten sind die neuen probleme
wir gehen im kreis und landen dort
wo wir begonnen haben

meine alten gedichte könnten getrost
die von morgen sein
irgendwie tröstlich
beschämend und eine einladung
sich und das leben zu nehmen
wie es kommt

wir schreiten vorwärts im glauben
in aussicht ein gewinn von
liebe mit hoffnung
rauchen wir noch eine
irgendein feuer muss uns ja wärmen

die alten werden die jungen sein
die alten sind die neuen zweifel
wir fragen circumflex was zu beweisen war
wird wahr

wir treten wir laufen wir knirrrrschen
ohne zähne murmeln und mahlen wir
das heute zum gestern
wiederkäuer unserer eigenen geschichte
wider den faden geschmack

die alten werden die jungen sein
die alten sind die neuen
gefühle

Georg Veit

Zwischen den Jalousien

Während du durch dies Septemberlicht zurückeilst,
Gähnst du, wieherst du, ein Zebra:
So sehr müde davon seist du.
Ich muss genau dort stehen,
Ein Gefangener,
Die Hand im Spiel mit Gitterstäben.
Es begnügt sich auch das Licht mit
Einem Bedauern
Mit dem Ausschnitt deiner Haut
Zwischen den Jalousien.

Jessika Tewes

Angst

Eben noch ich, eben noch
Alleinherrscher.
Mein Dämon lauert
im dunklen Versteck.

Er kommt, kriechend,
vereist meine Glieder,
wirft schwarze Schlingen,
schnürt meinen Atem.

Seine Gewalt auf meiner Seele,
steinern und kalt, speit er
Schwalle finsterer Fragen
in meine Sinne.

Ich schwimme, suche Grund,
mein Wille, meine Träume,
ich spüle nicht fort,
ich werfe Anker.

Gudrun Ruch-Litterscheid
Erinnerung

Erinnerung
an die stolzen Bäume
die meine Kindheit umgaben

ihr trotziges Wurzeln im Grund
das auch Kriegsstürme nicht achtete

die Kerzen der Kastanie
die leuchteten
als Bombenhagel das Haus zerstörte
aber die Hoffnung nicht

den Nussbaum
der seine Früchte hartschalig bewahrte
bis sie auf dem Ofen getrocknet
trotzdem Weihnachten brachten

die grossen Birnbäume
die uns nährten mit reicher Ernte
auch karge Zeit birgt Überfluss

die duftenden Linden
vor verbrannten Mauern
die das Mass der Zerstörung milderten
mit dem Versprechen auf Heilung

die dunklen Nadelbäume
die den Wintergarten dicht umgaben
um den Zauber
und die Kraft der Phantasie
in geheimnisvollem Grün schützend zu bergen

den schweren Duft der Ligusterhecken
die den Weg zum Haus säumten
und die Sinne öffneten
für neues Erleben

Beate Rosner
regentanz

verführt durch den
kuß der sonne

laufen wir durch
den strömenden regen

längst haben wir
die richtung verloren

doch die hoffnung
trocknet unsere kleider

M. H. Rudolf
Europa

Dag - Frotteetuch

GB	100% cotton
DE	100% Baumwolle
FR	100% coton
NL	100% katoen
IT	100% cotone
ES	100% algodón
PT	100% algodáo
SE	100% bomull
DK	100% bomull
NO	100% bomull
FI	100% puuvillan
PL	100% bawetna
CZ	100% bavlna
HU	100% pamut
RU	100% XnonoK

Made in Turkey

Heribert Rück
Tanz Klang Mond

Erschreckt dich der Ritus
flirrender Tänze.
An rosa Tapeten
ordnest du Bilder.
Den blauen Glanz deiner Hände
erwidert die Vase.

Der ewig zerspringende Klang
wir hören ihn fern.

Du wendest dich lächelnd.

Verhüllt von der Nacht
deine kühle Nacktheit.
Schon rückt ins offene Fenster
der fremdvertraute, der Mond.

Ines Kohm
Tag und Nacht

Verbraucht der Herzschmerz, die Sinne, die Glut.
Zerissen das Kleid, der Puls ohne Wut.
Verbrannt ist die Seele, die Knochen verstaubt.
Verschlossen die Kehle, zerschlissen die Haut.
Verschwommen, vergessen, verschwitzt und betagt!
Zermalt und zeronnen!
Der Tag grüßt die Nacht.
Die Adern zerplatzen vor Glück, schäumt das Blut,
Die Sinne, sie schweben, das Leben tut gut.
Die Stirne, sie glüht, die Augen voll Glanz.
Beglückt und berauschend, betörender Tanz.
Vollendet, geblendet, geliebt und behagt.
Begehrt und gewonnen!
Die Nacht grüßt den Tag.

Winfried Harms
Zwei Ceh Vau

Es war einmal ein Entelein.
Es war nicht groß, war eher klein.
Ein wohlgestaltetes Modell
mit einem hübschen Fahrgestell.
Doch Fliegen stand nicht zur Debatte,
obwohl sie doch zwei Flügel hatte!
Und - dieses fand sie ungalant -
Die wurden Kotflügel genannt.

Vera Schleicher
und 2009: new york!

wer hätte gedacht
dass der rote faden
den schrebergarten! kreuzt?
mit pellkartoffeln, quark und sekt
rundherum albern
doch zivilisiert
in kurzer hose
termine schmieden
wenn & aber
ausgejätet
und schau:
die puppen im planschbecken
sind lebendig geworden!
benehmen sich
wie pfingstrosen
im fahrradkorb
fest eingewickelt
wie wir
in druckerschwarzes gestern
als hätten sie noch zeit genug

Anneli Starzinger
Wintermüde

Eiskrusten am Sattel, immer noch,
knirschendes Fahrradschloss,
Atemwolken verpuffen
beim Segeln über gefrorene Pfützen.

Rote Fingerknöchel im Fäustling,
dünnes Wollgefängnis,
Herzschlag pocht rhythmisch
im Trettakt der Tiefkühlfüße.

Wintertränen mit Salzgeschmack,
Schlinderbahnen auf der Wange,
Hinterrad tanzt Salsa
beim Bremsen an der Ampel.

Sonnenstrahl im Ampelmännchenauge,
rote Verwarnung,
Grün kommt unbemerkt,
beim Warten in Eisgeduld.

Amselgeleit an der Biegung,
Probe fürs erste Konzert.
Echo hallt nach
beim Flitzen übers freie Feld.

Sabine Rothemann
Ein Abend

Der Mantel hängt am Haken,
Fernzüge fahren ein,
die Lichter gehen an.

Der Himmel färbt sich grau,
der Fluss bewegt sich schnell,
Ein Nachglanz von verbrauchtem Licht.

Der Staub ist gewischt,
das Holz ist verkohlt,
die Speisen nicht verdorben.

Der Apfel rollt vom Tisch,
der Regen klatscht an Scheiben.
Ein Gast geht fort.

Kurt Smeta
Auf der Achse

Mein Leben?
Allzeit flexibel, allzeit mobil.

Gezeugt im Schlafwagon,
geboren im Rettungswagen,
gelebt im Wohnmobil,
geliebt im Auto,
geheiratet am Schiff,
gearbeitet im Flugzeug,
gestorben am Motorrad,
gebahrt im Leichentransporter.

Aber jetzt ruhe ich.

Stefan Schauer
Sturzkurs Lektion M

Die alternde Diva mit Namen Moderne,
Einst gold gewandet und unnahbar,
Kniet kraftlos am Abhang zur dunklen Kaverne
Und fristet ihr Dasein als grauer Star.

Mit Wehmut gedenkt sie der vergangenen Zeiten:
Der guten, der wilden, der spektakulären;
Als es sich schickte auf Bullen zu reiten,
Stets fest gehalten durch das Gebinde des Bären.

Auf allen Bühnen der Welt sah man sie tanzen,
Signierte Kontrakte auf ölgebeizten Truhen.
Doch in der Folge allzu übereilter Allianzen
Brach ihr der Absatz von den Schuhen.

Auch ward ihr vor Jahren ein Kind geboren,
Sie taufte es wohlwollend Freiheit,
Welches sie an dessen Vater - den Glauben - verloren
In einem erbitterten Sorgerechtsstreit.

Nun kauert sie dort und zählt, was ihr geblieben:
Vom Weizen nur eine Hand voll Spreu,
Zwei Tattoos, ein Branding, der Piercings sieben
Und das Zirpen der Schrecken im Heu.

Ihr letzter Blick fällt auf die Abschiedsbriefe
An Freiheit und Retro, den Nachlassverwalter.
Dann stürzt sie sich blindlings in die Tiefe,
Vorbei am Trend zum Mittelalter.

Nora-Eugenie Gomringer
Hier

Alles wie Wohnung
Nur Bett nicht Bett und Stuhl
Nicht
Auf dem Parkett Ringe, die von Töpfen
Zeugen, Blumen welk darin
Alles wie weggenommen
Nie zurückgestellt, seit Jahr und dem Tag
Fehlen von Material und Dichte
Raum für

Entstanden

Hartmut Starnitzki
Nach Rothenfluh

Atemlos
der Anstieg steil
weglos durch Felsensturz
taufeuchtes Himbeergebüsch
nichts Mündliches
kein Satz fordert den anderen
keine Suche nach dem letzten Wort
Bloß ein dünnes Ja
angesichts aufdringlichen Almviehs

Atem holen
inmitten Thymianduft und
Erdbeergeschmack
Barfüßig
über Strukturen des Urgesteins
Mit nacktem Rücken
spüren die Farben der Erde
Auch die Wolken
zeigen Formen des Seins

Thoralf Schirmer
Erste Zeichen

Dieselbe Frau, derselbe forsche Lauf.
Sie weht vorüber, manteloffen.
Sonst habe ich sie zugeknöpft getroffen.
Die Zigarette fällt. Ich trete drauf.
Dem Schnee entschmilzt ein letzter Hundekot.
Am Horizont im fernen Morgenrot
geht grellorange die Kehrmaschine auf
und senkt den Besen auf die Straße nieder.
Es sieht so aus, als käm der Frühling wieder.

Ganz wie von selbst öffnen sich meine Lippen.
Da ist ein Lied, das wollte lang schon raus.
Herr Nachbar macht Kehraus im Vogelhaus.
Ein Bier steht schon bereit zum Hinterkippen.
Und Hinze, Kunze sowie Fink und Spatz
suchen sich einen Sonnenplatz.
Sie lassen Schuhspitzen und Zweige wippen,
sie blicken keck und putzen ihr Gefieder.
Es sieht so aus, als käm der Frühling wieder.

Es ist ein Dienstag, wenn ich's recht bedenke,
der stark nach Sonntag riecht und schmeckt.
Ein Herrngedeck wär jetzt perfekt.
In einem Straßencafé oder einer Schenke.
Ich könnte dem Büro von Fieber klagen
oder von einer Panne mit dem Wagen
und dass ich ihn zur Werkstatt lenke.
Jedoch zur Not tun es auch Beuteltee und Sieder
und Sekretärin - ach, da ist der Frühling wieder.

Elsa Romfeld
woran uns liegt

in alten mären heißt's:
es steht geschrieben ...
in neuen mären heißt's:
es steht. nur wo?
nichtmal das wort ist wirklich uns geblieben,
nichtmal ein gott. (der rest x sowieso.)

gestehen wir's uns ein:
was sind schon helden?
gestehen wir's uns ein:
was ist schon glück?
ein trommelschlag - wir sind nicht mehr dieselben,
ein hammerschlag - die welt ist uns ver-rückt.

und sonnen gehen auf
und geh'n verloren
und monde gehen auf
und gehen fort
und irgendwo (da ward ein kind geboren),
und irgendwie (war niemand jemals dort) ...

Andreas Siekmann
Alter

Noch einmal
die Nischen zwischen den Lippen
deinen und meinen
tilgen
Salz der Sterne
von deiner Haut
lecken
damit dem Sterben
kein
Raum
bleibt.

Hans Jorg Stahlschmidt

Nein

Fast vom Finger rutscht er,
so dünn die Knochenhaut,
der Ring von neunundfünfzig Jahren.
Deine Füße losgelöst
von deinem spindligen Ich,
du willst sie sehen, sie sind so kalt
wie damals als du ein Eiszapfen warst
an der Dnepr-Stellung

Nun kommt der Tod in großen Schritten,
unbeeindruckt von Sauerstoffmaske und Desinfektionsmitteln.
Der Weg zur Toilette zu lang, nur noch
gedreht im Lakenweiß, gepudert, gewindelt.
Die schlaffe Haut festgezurrt über Bein und Venen.

Würde ist ein fernes Wort aus einem andern Lexikon,
jetzt feiert die Schwerkraft wie nach einem Flugzeugabsturz,
reißt Flügel und Motoren an sich
und die Wolken teilen sich nicht.
Deine Frau - ein erschöpfter Boxer in Trance -
klammert sich an dich, was da übrig ist, wächst sich
eine Nabelschnur - Wunder der Gerontologie -
ist nun unverückbare Hüterin deines Sterbens und eurer Liebe.

Deine Worte von der Schneegrenze dünn und tastend:
tragt mich, tragt mich hinaus. Wohin? fragen wir.
Doch deine Lippen geben keine Antwort.
Der Erde zu nahe bist du, zu horizontal: zieht mich,
komm Schimmel zieh. Doch die Kraft reicht nicht aus,
nicht mal zum Aufrichten. Erschöpft sinkst du zurück
ins Kissen-Meer, nein, keine Ruhe, kein Gleiten,
alle Raststätten in deinem Körper abgebrochen:
nur noch Knochen und rohe Nerven.

Damals warst du ein Turm, an dem ich hochsprang und
nun mein früher Halbgott brichst du auf die Erde und ich zittere
mit den Birken vor den weißlackierten Fenstern
und den Nachttieren im Unterholz
die auf das grosse Licht warten dass es sich endlich
ins bleierne Meer stürzt hinter dem Hospital.

Hartwig Stein

fontana di trevi

veni, video, wortschwall
amaretto am stiel
fernwehwehchen in fortfall
endlich, endlich am ziel

muschelnornprustendes prego
platz da: epiphanie
et in arcadia ego
anno demokratie

mensch, nun decke die blöße
an deinem freizeitdress
vor der geschichtlichen größe
schaumgebremster ps

dauerwellen, kaskaden
neptun im amphicar
hippokampen, na ja denn
zieht mal den baedeker-star

bitte recht freundlich, neptune
cheese! und sei's auch postum
guck mal, dem fehlt die harpune
sprechblasen platzen im zoom

fish-eye, chronisch verzogen
zahnstein der neuzeit gebleckt
zügelt die gottheit der wogen
grünliches imperfekt

eben noch heiter besonntes
sprengt den erlebnisraum
gurgelt enteisent ad fontes
steigt als hydraulischer schaum

lidschlag, stehende welle
hals über kopf ein gesicht

blickkontakt auf die schnelle
sterntaler sprenkeln die sicht

euro oder devisen
falschgeld, zahl oder kopf
alles, alles reprisen
selbst mein hosenknopf

trotzdem: dum spiro, dum spero
wenigstens ab und zu
fällt unser erdball auf zero
lyrisches ich trifft du

Percy Alcyon
Natty

doch meine erste Liebe warst du
deine Fährte
im Wald ohne Worte
noch warm

wieder als Junge
Lederstrumpf atmen
am See
rau und ruhig
gefesseltes Glück

wusstest denn du
was kommen wird
in den grauen Städten
altgewordener Kinder

sagtest nicht du
wenn echt
Tapferkeit
im Herz beginnt
dass nur
wer wirklich liebt auch jeden
Kampf gewinnt

Lydia Wagener
Reife Begegnung

Abends im Gasthaus
2 Tische weiter
Einer allein
Augen suchen
Lächeln
Laden ein

Ein Wein gemeinsam
2 Stunden später
Hände auf Haut
Lippen suchen
Finden
Atmen laut

Ganz ohne Spielchen
Ganz ohne Zieren
Beide bereit
2 Leben reifer
Nichts zu verlieren
Außer Zeit

Renate Herbst
Eine Frage der Entscheidung

Es ist keine Frage der Zeit,
der Freundschaft oder der Liebe,
des Glaubens oder des Geldes,
des Reflektierens oder des Verwerfens,
der Macht oder der Unterwerfung,
des Willens oder der Flucht,
des Suchen oder Findens,
des Zufalls,
ja noch nicht einmal eine Frage der Wahl.
Es ist einzig und allein
eine Frage der Entscheidung!

Geza Szabo
Hauch von Zärtlichkeit

Still -
Schmetterling
im Winde,
er schaukelt
in der Sonne fort
vor Übermut
ganz trunken
in Einsamkeit
von hier nach dort

still -
Schmetterling
im Winde,
er taumelt, steigt
und taumelt wieder,
ich sehe ihn
da oben wanken,
schwanken -
er gleitet
langsam
auf den Boden
nieder

lautlos fliegt er
wieder auf,
still -
Schmetterling
im Winde,
ach,
daß er doch
nicht meinem Blick
entschwinde

Wolf P. Schneiderheinze
Vorbilder

braunleises Laubrascheln
ich
spanne Buchenblätter
in meine Schreib-
maschine

auf dem Bücher-
regal
hocken weiße Raben
krächzen ein-
silbige Worte

nur drei Worte
finden Platz
auf jedem Buchen-
blatt

die weißen Raben
raunen
bunte Worte unter
vorgehaltenem Flügel

ich nehme
das unvoll-
endete Manuskript
und streue es
in den Wald

Anja Warzecha
Windes Flüstern

Als spräche mein Vater
Zu mir in der Nacht
Bin ich durch die Stimme
Des Windes erwacht

Er schlug an mein Fenster
Mit schwerer Hand
Es ruft mich ein Fremder
In Vaters Gewand

Ich muss ihm vertrauen
Sein Ruf zieht mich fort
Hinaus in die Wildnis
An einsamen Ort

Die Stimme des Fremden
Umschmeichelt mein Ohr
Ein einzelnes Wort
Wie der Freunde Chor

Von Stunde zu Stunde
Er hastet voran
Mein Schritt wird bald schwerer
Doch treibt er mich an

Er drängt mich in Eile
Zum rauschenden Fluss
Mein Herr schlägt die Wogen
Zu stürmischem Gruß

Verlockendes Flüstern
Mein Heim ist nicht weit
Schon umhüllt mich der Fluten
Dunkelheit

Umgeben von Kälte
Sink ich hinab
So werd ich verweilen
An Väterchens Grab

Traudel Theune
Ente auf Sendung

Nobi
Feuerbote
Blauer Vogel Sehnsucht

Der zehnte Sommer
Wüstenlöcher

Kartoffeln hin, Kartoffeln her
Blick durchs Mäuseloch
Mit Katz und Hund auf Du und Du
Hokus Pokus Fidibus
Wie der Neandertaler den Kebab erfand
Wundersame Reise durch die Nacht
Was machst du, kleine Ente?

Lilo Wessel
schlaflos

wie's kreist & kreiselt im kopf so schlaflos potenziert
sich stille tinnitus & ich
neben mir liegend laemmer zaehlend
die ganze nacht die ganze herde wolkenzoolaemmer zaehlend
die zeit schleicht digital die
schwerelosigkeit der gedanken verhindert
bodensatz ohne bodenhaftung
keine transzendenz kreise um mich
selbst kreißsaal von aengsten
erschaffe zur ablenkung ein bild deines
gesichts gerstenkorngroß geschrumpft (mit augen-,
mit scheuklappen bin ich gewesen, damals) du nun
klein konturenLOS bist du so noch immer in gedanken
bei dir naechtigt die nacht zwischen tag und traum draengt schon
morgengrauen zwischen rolladenritzen
ins zimmer schlimmer tagesbeginn

Lars Wistuba
Proklamation der Angst

Wo die Kinder sich verstecken
unter hochgezog'nen Decken
weil die Schatten in den Ecken
unförmige Leiber recken,
gierig faule Lippen lecken
und die dürren Finger strecken
nach den ungebor'nen Träumen,
will ich keinen Schrei versäumen
und kein furchtersticktes Weinen
unter angstschweißnassem Leinen.

Wo die Hoffnungen verbittern,
schwarze Klauen Glück zerknittern
und das letzte Licht zersplittern,
hinter alten Kellergittern,
wo erstarrte Glieder zittern,
will ich meine Opfer wittern,
deren Ohren ängstlich lauschen
nach dem seelenkalten Rauschen
nachtgefärbter Schattenschwingen
während sie nach Atem ringen.

Will Euch den Verstand zerbeißen,
seh'n wie Eure Tränen gleißen,
Eure ach so strahlend weißen
Seelen aus dem Körper reißen.
Sollt Euch in die Hosen scheißen.
Angst, so habt Ihr mich geheißen.
Ewig sollt ihr an mir leiden.
Sitz' Euch in den Eingeweiden.
Euer kurzes, kleines Leben
kann es ohne mich nicht geben.

Hannelore Schulz
Zwei Leuchten

Es waren mal zwei Leuchten,
die sich so clever deuchten,
die eine grün, die and're blau
und beide suchten eine Frau.

Die Blaue sagt vernehmlich,
ich bin doch wohl nicht dämlich,
dass ich alleine bleibe
und nur noch Unsinn treibe.

Ich brauche eine holde Maid,
die mir verschönt die freie Zeit,
die mit mir geht durch dick und dünn,
damit ich immer glücklich bin.

Die grüne Leuchte unterdessen,
die suchte krampfhaft was zu essen,
denn er war hung'rig schon seit Wochen,
er wollte eine Frau zum Kochen.

Auch das Haus sollt' sie verschönen,
zu guter letzt ihn auch verwöhnen
und liebevoll ins Bett ihn bringen,
dazu auch noch ein Liedchen singen.

Da sahen sie im Kerzenschein
zwei wunderschöne Mägdelein.
Die eine rot, die and're weiss,
die woll'n sie hab'n um jeden Preis.

Sie nehmen ihren Mut zusamm'
und pirschen sich an beide ran.
Sie gurrten und sie gackerten,
sie schnurrten und sie flackerten,

sie machten ihnen Komplimente
da bogen sich sogar die Wände.

Die beiden Mädchen sah'n sich an
Und mussten lauthals lachen dann.

Sie wiegten sich dabei im Wind,
wie halt die Weibsen oft so sind.
Das Süssholz raspeln nahm kein Ende,
da reichten sich die vier die Hände,

ein jeder hatte, was er wollte,
und keiner mehr dem Schicksal grollte.
Da kam ein Windstoss um das Haus
und blies ihnen die Lichter aus.

Christine Thiemt
Wenn ihr mich nicht findet am Meer

Wenn ihr mich nicht findet am Meer
Nach all den Jahren
Kann das bedeuten:
Ihr habt nicht gründlich genug gesucht

Wenn ihr mich nicht findet am Meer
Nach all den Jahren
Heißt das nicht
Ich wäre wasserscheu

Wenn ihr mich nicht findet am Meer
Nach all den Jahren
Kann das bedeuten:
Ich hinterlasse nicht leicht
Zähne Knochen Hirn Herz irgendwo

Wenn ihr mich nicht findet am Meer
Nach all den Jahren
Kann das bedeuten
Werdet ihr meinen
Hier war kein Meer
Hier ist kein Meer

Carmen Winter
Mitgift

Vom Vater den Jähzorn
Vom Bruder das Fahrtenmesser
Vom Onkel den Maßkrug
Vom Kameraden die Narbe
Vom besten Feind die Frau
Da sage noch eine
Mitgift sei nichts für Männer

Helga Perghammer-Dose
Ent-stellte Welt

Wir kauen und schauen
tägliches Grauen,
schlucken in Stücken
mit geradem Rücken
globales Entsetzen
in Mediennetzen -
ohne Verdauen.

Ins eigene Leben
sind wir ergeben,
hasten und gieren
auf allen Vieren,
uns selbst zu verschwenden
mit vollen Händen -
fatales Streben.

Moralloses Denken,
raffen statt schenken:
Ansteckendste Plage
unserer Tage.
Ob wir es schaffen,
jenseits von Waffen
gegenzulenken?

Lino Wirag
Zur Lage des deutschen Symphonieorchesters

Vorne quiekend: Violinen,
Jammerschinken, lackbeschienen,
Erster, zweiter; Geigerzähler.
Erst mal weiter. Quietschequäler:

Pikkolomineskes Flöten.
Rülpsen von Posaunenkröten.
Rechts davon Lautdiarrhöe:
Rumgerotze der Obö.

Bratschen patschen, knatschen, ratschen,
matschen, pflatschen, latschen, quatschen.

Während Cellos - Cellis - Cellen -
PAUKENschlag auf Trommelfellen.
Klarinettes Klezmerweinen.
Kontrablasses Brummelgreinen.

Zauberstab am Dirigent.
Beethoven dem Abonnent.
Ding-Ding-Ding: triangulär.
Kassenstand: subsidiär.

Günter Kröger
Der Buckelwal

Es sang dereinst ein Buckelwal
laut ein ,Petrarca-Madrigal'
zum Zeichen der erwünschten Minne.
Schon hielten alle Wale inne
und sangen mit aus voller Brust:
Ein ganzer Ozean voll Lust! -
Auch Menschen sollten öfter singen
anstatt einander umzubringen.

Simone Voß
Scheu

Ich hab schon die schwindsucht versucht
Aber mein hirtentäschel
Ist davon nicht leichter geworden
Müde hüte ich mein winziges bisschen geduld
Das wolfrudel sich mehrender lausiger nächte
Und lasse das käuzchen
Rufen nach dir

Heinz-Peter Zierholz
Etwas ist immer

Gefühlschaosverkehrsunfall
Liebesliederhonigschall
Verlobungsringegoldmetall
Osterhaseneierstall
Frühlingüberall

Verkehrsstauwutanfall
Sonnenölsandburgenwall
Bikinimädchensexydrall
Lotsenstreikflugausfall
Sommerüberall

Raschelblätterfall
Halloweenkrawall
Hirschtodbüchsenknall
Weinköniginnenball
Herbstzeitüberall

Glitzerkalterschneekristall
Armundbeinbruchskiunfall
Heilignachtposaunenschall
Jahresendraketenknall
Winterüberall

Horst Samson
An die rote Füchsin

Blätter kamen, bäumten sich auf
Und vergingen. Oft hing sein Kopf,
Von Gedichten schwer. Wie ein junger Gott
Ging er an solchen Tagen leichten Fußes
Über den Olymp, dachte
An die rote Füchsin
Mit den hohen sagenhaften Sprüngen,
An ihre Rufe, und weidete im Glück
Eine große Herde Buchstaben.
Nie sah er die Hirtin bis dahin
Auf den von Stacheldraht verstellten
Ebenen. Nur einmal traf er sie,
Tausend Jahre später, in Mannheim.
Sie sprachen nur kurz - das wird vergessen
Sein - über Vergängliches. Man schrieb
Sich auch mal einen Brief. Alles war
Ihm damals eine Tortur und es plagte
Ihn die Angst, sich verloren zu gehen
In seinem unverhofften neuen
Leben. Lange mied er das Licht
Der Weide. Als er gesundet wieder
Ins Gebirg durfte, da bestaunte er die grünen
Abhänge, die tiefe Pracht der Grashalme
Und ihre vielen jungen Tiere. Gerne
Hätte er ihr den dritten Schafstall gebaut

Nora Korb
War's das?

Es brannten Kerzen im Zimmer
Ich riech dich noch immer
Was haben wir gemacht?
Es war uns're erste Nacht.

Felicitas Christine Vogel
offene Fenster

Unvergessene Lieder.
Vögel singen
im kahlen Gebüsch.

Gegen Mittag öffnet sich
lila Licht im Schnee.

Zwei Narren gehen
zum Supermarkt,
ihre Kappen in der Hand.

Der Buntspecht besucht
den gebrochenen Baum.

Siebter Lenz im Jahrtausend.
Vorüber ein Sturm
vom Jahr des Hundes.

André Weikard
Anamnese

Man hat mich geboren
gewiss
Und hat viel Kraft darauf verwandt
mich zu lieben
Und hat Hoffnung gehabt
in mich
Man war sorglos
wie ich
Nur hat man es versäumt
die Angst
die in mir wuchs
wie alles andere
zu töten.

Fabian Probst
Lebenskünstler

Nur der Tod beschließt das Leben
und das Leben folgt dem Tod.
Sich darin nicht aufzugeben,
sei dir Wasser und auch Brot.

Denn des Daseins Perspektive
ändert sich in jedem Licht.
Nicht der Sinn malt die Motive
sondern deiner Dinge Sicht.

Lass den Standpunkt deiner Träume
wandern durch das Himmelweit.
Gib den Zielen Zeit und Räume
und dem Fühlen Schutzgeleit.

Sieh auch das, was dich begleitet,
nicht nur was du noch erreichst.
Jeder Weg, den du beschreitest,
führt durch Land, das du erst streichst.

So entdeckst du tausend Seiten
deines Würfels in der Hand -
und im Buch der Möglichkeiten,
in dem gestern noch nichts stand.

Glück kann jede Träne füllen,
die aus off'nen Augen fließt.
Sanft wird dich dein Tag umhüllen,
wenn du sie am Abend schließt.

Schmeckst du Frucht in der Methode,
die dir süß am Gaumen klebt,
kommt das Leben vor dem Tode,
und der Tod wird ausgelebt.

Friederike Reuter
Selbstfindung

Wie ich mich suchen ging,
war ich nicht da,
weil ich mich
suchen gegangen war.
Wie ich mich umdrehte,
sah ich mich gehn -
von hinten
war ich ganz schön.

Jörg Meisslinger
Flugstunde

Bleib auf meinen Flügeln
stemm dich gegen kalten Wind
im Gleichgewicht wir segeln
spür wie weich Luftpolster sind

Belebe meine Gedanken
Schwermut, Gleichmut, Leichtigkeit
fühl mich durch dich wanken
es bleibt Sein und Zeit

Belege meine Stimme
mit Unter-, Obertönen
erzähle kurz das Schlimme
verweile bei dem Schönen

Bleib auf meiner Spur
vier Fußabdrücke führn ins Nichts
lang schon sind wir abgehoben
nur auf Grund des Leichtgewichts

Marion Röckinghausen
Was bleibt II

Vernähe die Zeit dicht am Saum
Zwischen gestern und heute und morgen
Den Treibsand in luftigem Traum
Die Spuren versteckt und verborgen

Brenne ein Loch in das Bild ohne Titel
Und gehe zurück zum Ziel
Fahlweiße Sonne auf blutrotem Kittel
Vereint in verflochtenem Spiel

Versuche die Spuren der Wunder zu finden
Im März vergangener Stunden
Im Flattern des Duftes blühender Linden
Im Rosa verheilter Wunden

Sebastian Chmel
Die Beule der Eule

Der Turm ist alt
und halb verfallen,
die Nacht ist kalt
und Nebel wallen,
der Mauerspalt,
vom Moos befallen,
gibt schlechten Halt
den Eulenkrallen:
Die aus dem Wald
anfliegt, die Eule,
holt dergestalt
sich eine Beule.

Aber weil sie weise ist,
sagt sie nur ganz leise: Mist.

Roland Krischke
Vater Wein

Müde bin ich geh zur ru-
binroten Flasche
und entkorke sie.

Der Mund ist aufgegangen,
ich hebe das Glas
und ein zweites.

Süßer die Gläser nie klingen,
als wenn ich um den
Tisch haste und
als mein liebster Zechkumpan
in holder Zweisamkeit
mir selbst in Armen liege.

Vater Wein schaut zu.

Sigrid Najdzion
Verwischte Spuren (Biografien von Frauen)

In euren Lineaturen
stehn Namen mir Spalier
- vertraut und unbekannt -
Rauchzeichen im Jetzt und Hier

und Lebensbilder blühen auf
voll Leidenschaft wie Feuergarben
und Wunden brechen wieder auf,
die zagend nur verwachsen waren

Berühre sacht
verwischte Spuren
und klarer und klarer
Schicht um Schicht
folgt Gesicht auf Gesicht

Beate Reuker
Macht

deine Worte

ein Kugelhagel
zerfetzt mir
die Zunge

sprachlos
taste ich im Speicher
der Erinnerungen

unser Pfad
gelöscht

Ute van der Maer
Sein

Will sein wie das Meer
so endlos und weit,
wie ein Leuchtturm beständig,
gegen die Zeit.

Will sein wie die Sterne
über dem Meer,
das Sein überschauend -
folgenschwer.

Will sein wie die Liebe
grenzenlos tief,
die Seele berührend,
ein Herz das rief.

Und die Zeit jagt weiter,
drängt mich nach vorn,
mein Sein ist im Wanken,
mitten im Sturm.

Odile Endres
sanddornsehnsucht

sanddornsehnsucht
in den gliedern und
doch frieden

das herz ist voll und
satt wie überm haus
der helle mond

die netze glitzern in
denen wir geborgen
liegen

keiner fällt durch die
maschen zu dicht
sind sie gewoben

jetzt kommt die zeit
der geduld die uns trägt
durchs ungewisse

das ist unser freund
weil es uns wach hält
im träumen

honig wenn der zum
sanddorn kommt süßt
die frosttage

was brauchen wir da
einen pelz wenn die
liebe wärmt

oder ein lächeln das
nährt uns für ein paar
lichterstunden

die sanddornsonne
geht so schnell nicht
unter